मोहलीना

(कविताएँ)

मोहन दूबे

डायमंड बुक्स

www.diamondbook.in

प्रकाशक : डायमंड पॉकेट बुक्स (प्रा.) लि.
X-30, ओखला इंडस्ट्रियल एरिया, फेज–II
नई दिल्ली–110020
फोन : 011–40712200
ई–मेल : sales@dpb.in
वेबसाइट : www.diamondbook.in
संस्करण : 2022

MOHLEENA (KAVITAYEN)
***By :** Mohan Dubey*

कुछ उनकी यादें आयी, कुछ मोतियों से अश्क उमड़े
बड़े जतन से हमने, चुनके उनको, पिरोया है यहीं

मोहलीना मोहे सांवरी सुरतिया तेरी,
लेई लीना तूने दिल की तिजोरिया मेरी

अपनी धर्मपत्नी
स्वर्गीय लीना दूबे को सादर समर्पित

मोहलीना

आशा त्रिपाठी "क्षमा"

"मोहलीना" शीर्षक ही स्वयं अभिव्यक्ति है– एक ऐसी भाव तरंग की जो एक साथ "रामचरितमानस" के "सीता वियोग" प्रसंग एवं "प्रेमसागर" (कृष्ण कथा) के राधा-कृष्ण प्रेम की एक साथ याद दिलाती है। रामचरितमानस के सुंदरकाण्ड में सीता जी के यह पूछने पर कि रामचंद्र जी मुझे याद करते हैं या नहीं, हनुमान जी अपने प्रभु श्रीराम का संदेश सुनाते हैं :-

तत्व प्रेम कर मम अरु तोरा। जानत प्रिया एकु मनु मोरा ॥
सो मनु रहत सदा तोहि पाहीं। जानु प्रीति रसु एतनेहिं माहीं ॥

प्रेम सागर में– कृष्ण की बाँसुरी ने राधा और गोपियों के मन को मोह लिया है। "बाँसुरी मन मोह लीना रे" कहने का तात्पर्य ये है कि शीर्षक अति उपयुक्त एवं अति उत्तम बन पड़ा है। जिसके लिये मोहन दूबे जी बधाई के पात्र हैं। अस्तु !

मोहलीना वस्तुत: कवि मोहन एवं उनकी धर्मपत्नी स्वर्गीय लीना जी के अथाह प्रेम की अभिव्यक्ति है। कवि मोहन लीना जी की स्मृतियों से ऐसे बँधे हुए हैं कि उन्हें अभी भी यह स्वीकार कर पाना कठिन प्रतीत हो रहा है कि वे अब अकेले हैं। मोहलीना की काव्य यात्रा कवि की स्व. लीना जी के प्रति एक बेहद भावपूर्ण श्रद्धांजलि है। कवि का मन अब भी कहता है कि –

"गर कोई कहे कि तेरे बिना अकेला हूँ, तो भी क्या
मेरे साथ, हर पल, तेरे होने के ख्यालात तो हैं।

तू इस दुनिया में अगर, कहीं नहीं है तो भी क्या,
तेरे साथ बीते पलों के खूबसूरत लम्हात तो हैं॥"

उपर्युक्त पंक्तियाँ सार हैं कवि मोहन जी की संपूर्ण काव्य यात्रा की।

जिस दिन बंधन में बँधे, उसी दिन बंधन टूटा, वैवाहिक वर्षगाँठ पर प्रात: बधाई की पंक्तियाँ और मध्याह्न विदाई की पंक्तियाँ। यह कितना दुख भरा क्षण रहा होगा, किंतु कवि मन उन क्षणों को भी सहेजता है। उन क्षणों की यादों को भी शब्द देकर हमेशा के लिया संजो लेता है और भविष्य में याद आने पर पुन: उन्हें जीने के लिये, अपने प्रिय के अंतिम सानिध्य को दोबारा अनुभव करने के लिये कवि ने एक ऐसे सेतु का निर्माण किया है जिस पर चलकर वह शायद उन स्मृतियों को अपनी जीवंतता के साथ जी सके।

'बावरे मन' में मन को समझाना, 'जी रहा हूँ क्यूँ? 'में कवि मन के प्रश्न, 'लौटकर फिर तुम आओगे क्या ?' इत्यादि कविताओं के माध्यम से कवि अभी भी ये आशा करता है कि उसकी प्रेयसी चाहे नये शरीर में ही सही, पर आयेगी जरूर। सभी कविताएं कवि की मनोदशा का सटीक चित्रण करने में सक्षम हैं।

जानता हूँ कि जाने वाले वापस आते ही नहीं।
फिर ये उम्मीद क्यों दिल मे जगा बैठा हूँ मैं॥

शायद वो आये तो, किसी नए चोले में कहीं।
दिल में अपने ये आस लगा बैठा हूँ मैं॥

जीवन का सत्य ऐसे शब्दों में बयान किया है कि पाठक भी स्वयं वही सब अनुभव करने लगता है, किसी अपने प्रिय के बिछुड़ने पर बीते पलों को याद करके। कवि को जीवन के किसी मोड़ पर, किसी न किसी रूप में या फिर किसी दूसरे पल में मिलने की संभावना पर अत्यधिक विश्वास है। 'क्यों आते हो', 'कशमकश', इत्यादि कवितायें ऐसी ही भावनाओं की अभिव्यक्ति हैं।

यदि इस संकलन के द्वितीय खंड की बात की जाए तो मोहन जी ने जीवन के अनेक पहलुओं को स्पर्श करते हुए बहुत ही कम शब्दों में जीवन की यथार्थता को परिभाषित किया है। उनकी लेखनी ने कम शब्दों में बहुत गहरे भावों को उकेरा है। कवि मोहन 'जिंदगी के रंग' कविता में अपने बीते लम्हों को याद करते हुए कहते हैं कि -

रंगीन थी दुनिया मेरी, जब हम संग संग थे,
तुम थे तो मेरी जिंदगी में सारे रंग थे।

इसी खंड में वे एक बार फिर जिंदगी के संघर्षों को सकारात्मक रूप देते हुए पुन: कहते हैं कि –

ना थका कभी किसी राह में, चलता रहा चलता रहा।
तू राहें नयी चुनती रहे, मैं मिलूंगा तुझे हर राह पे ॥

हम वो दरख्त नहीं, जो आंधियों में टूट जाते हैं।
हमें ज़मी को चूम कर, उठने का हुनर आता है॥

इस संकलन के तृतीय खंड में मानव मन के विभिन्न अंतर्द्वन्दों, साथ ही मन के संकल्प-विकल्प, संघर्ष-उत्कर्ष आदि को केन्द्र में रख कर कविताओं की रचना की गई है। मन तो सचमुच ही बहुत अद्भुत कृति है ईश्वर की। मन के विषय में तो कवि से लेकर बड़े - बड़े दार्शनिकों ने क्या-क्या नहीं कहा है। इतना अधिक चिन्तन करने पर भी मन का वास्तविक स्वरूप समझ से परे है। 'मन क्या है' से आरम्भ करके 'मन की उड़ान' तक की कवि की यह काव्य यात्रा अत्यन्त अद्भुत है। कवि का यह कहना, कि -

तू समुद्र सा जलनिधि जीवन स्तम्भ है।
तेरा पर्याय ही अमृत कुम्भ है ॥

अत्यन्त उचित प्रतीत होता है और यही कारण है कि विद्वानों, ने मन को ही सृष्टि का कारण बताया है, ईश्वर के मन में स्वयं को देखने की इच्छा हुई तो सृष्टि की रचना हुई। उपनिषद कहते हैं– "मन एवम मनुष्याणां कारणं बंधमोक्षयो:" (यह मन ही मनुष्यों के बंधन और मोक्ष का कारण है।) यह मन जब विषयों में आसक्त होता है तब बंध है, यह मन ही संसार है। जब यह विषयों से विरस हो जाता है तो मोक्ष है। दोनों ओर यह कभी भी नहीं

जा सकता। अत: मन का सारा प्रवाह चैतन्य स्वरूप आत्मा की ओर हो जाने से संसार छूट जाता है। अष्टावक्र भी कहते हैं कि इतना ही मोक्ष का विज्ञान है। मनुष्य मन नहीं है, वह आत्मा है। मन की सीमित दृष्टि, संसार में अनेकता, भिन्नता देखती है, जबकि सब में एक ही चैतन्य आत्मा का ही प्रकट रूप है। अत: हमें आत्म-तत्व को जानने-समझने की आवश्यकता है, न कि मन को। यह एक अत्यन्त गूढ़ विषय है, कवि ने काफी प्रयत्न किया है मन को समझने – समझाने का, किंतु वास्तव में यह समझने – समझाने का विषय ही नहीं है। अस्तु !

चतुर्थ खंड में 'कुछ दिल से', 'हौसले', 'प्रार्थना', 'भीड़ में अकेले में' आदि कविताएं संकलित हैं। ये कविताएं कवि के दार्शनिक भावों की सहज अभिव्यक्ति हैं। कवि की सभी कविताएं हृदय को एक ऐसे धरातल पर ले जातीं है जहां जीवन के विविध रंग एक साथ अपने मन के सभी सुख दु:ख को कहते सुनते हैं।

अपनी दिवंगत पत्नी को समर्पित कवि मोहन दूबे जी का प्रथम काव्य संग्रह "मोहलीना" नि:संदेह हृदयस्पर्शी रचनाओं का बेहतरीन संग्रह है। सटीक, सार्थक एवं आकर्षक शीर्षक "मोहलीना" के अंतर्गत प्रकाशित रचनाएं कवि मन के प्रेमी, दार्शनिक, सामाजिक एवं भावुक पक्ष को उजागर करती हैं। मैं अपने अग्रज-स्वरूप एवं शुभाकांक्षी मोहन जी की निरन्तर उन्नति की कामना करती हूँ। अंत में आशा करती हूँ कि मोहलीना काव्य संग्रह से आरंभ हुई कवि की यह काव्य यात्रा निरंतर जारी रहेगी एवं साथ ही भविष्य में हमें कवि की नवीन रचनाओं की प्रतीक्षा भी रहेगी।

बधाई एवं शुभकामनाओं सहित !

-आशा त्रिपाठी "क्षमा"
रक्षा वैज्ञानिक एवं साहित्यकार
नयी दिल्ली
जनवरी, 2022

मेरी काव्य यात्रा के पड़ाव

एक कवि हृदय की उत्पत्ति वस्तुतः व्यक्ति के जन्म से ही हो जाती है, किन्तु उसका पालन पोषण पारिवारिक, सामाजिक, आध्यात्मिक, सांस्कृतिक आदि परिवेश पर निर्भर करता है। जैसा परिवेश वैसे ही कवि हृदय का विकास या यूँ कहें कि कवि यदि किसी विशेष विधा में पारंगत है, तो उसकी भी पृष्ठ्भूमि में, उसके परिवेश एवं समसामयिक देश, काल एवम परिस्थिति का विशेष योगदान होता है एवं किसी व्यक्ति की काव्य यात्रा में, समय समय पर उसको जितने भी मार्गदर्शक, गुरु, सहयोगी, उत्साहवर्धन करने वाले मित्र, सहयोगी आदि स्वरुप के पड़ाव मिलते हैं, उस व्यक्ति की काव्य यात्रा में उतना ही निखार आता है एवं वो सुगम, सुन्दर एवं चिरस्मरणीय हो जाती है।

मेरी काव्य यात्रा का प्रारम्भ कब हुआ, मुझे ये स्मरण नहीं है, किन्तु एक धार्मिक एवं संस्कार युक्त माँ से निसंदेह ही बहुत कुछ सीखा होगा। घर में गीता, रामायण, श्रीमद्भागवत, महाभारत आदि ग्रंथो पर चर्चा एक सामान्य घटना होती थी। ऐसे में, पृष्ठ्भूमि में काव्य यात्रा संभवतः बाल्य काल से ही प्रारम्भ हो चुकी थी। मेरे पिता वायुसेना में कार्यरत थे, तो निश्चित ही कर्म प्रधान संस्कार भी, साथ साथ विकसित हो रहे थे। अतः पृष्ठभूमि में, एक ऐसे कवि हृदय का निर्माण प्रारम्भ हो चुका था जिसमे धर्म एवं कर्म के समान भाव विद्यमान थे।

पुनश्च, अब मेरा कवि हृदय किशोरावस्था से युवा अवस्था की ओर अग्रसर था। इसमें श्रृंगार रस का बीजारोपण, मेरे विवाह तय होने की प्रक्रिया से अब आगे बढ़ रहा था। इसी दौरान, मेरी श्रृंगार रस की पहली रचना का उद्भव भी, अकस्मात् तब हो गया था, जब मैंने अपनी होने वाली

पत्नी के लिए श्रृंगार रस की प्रथम रचना की : "मोहलीना मोहे सांवरी सुरतिया तेरी। लेई लीना तूने दिल की तिजोरिया मेरी"

अतः मेरी काव्य यात्रा का संयुक्त आधार, मुख्यत: मेरे माता पिता और मेरी धर्मपत्नी रहीं।

धर्म कर्म के मार्ग पर अग्रसर होते हुए, मेरे मार्गदर्शक अभिभावक स्वरुप अधिकारी उत्तराखंड निवासी श्री नारायण दत्त भट्ट एवं ब्रज वासी श्री बाल कृष्ण शर्मा जी रहे, जिनसे मैंने मुख्यतः भक्ति काव्य सीखा। तदुपरांत सामाजिक सराकारों के कारण, मेरी काव्य यात्रा में और रंग जुड़े एवम वो स्वान्तः सुखाय के मार्ग पर चलती रही। कभी इधर कुछ लिखा कभी उधर कुछ लिख कर छोड़ दिया। हाँ, इस दौरान ये अवश्य हुआ कि मेरी धर्म पत्नी की अनुजा श्रीमती मधु दूबे ने एक बहुत ही सुन्दर डायरी भेंट की, जिसे देख कर मुझे उस पर औपचारिक स्वरुप में अपनी काव्य यात्रा लिखित रूप में प्रारम्भ करने की प्रबल इच्छा हुई। अतः उनसे मिली डायरी स्वरुप प्रेरणा एवम उनको भी मेरा नमन।

वस्तुत: मेरी काव्य यात्रा में मुख्य योगदान, रक्षा अनुसन्धान एवं विकास संगठन मुख्यालय में मेरे कार्यकाल का रहा, जहाँ पर हिंदी निदेशालय के विभिन्न निदेशकों, अधिकारियों एवं कर्मचारियों के साथ मेरा राजभाषा के कार्यक्रमों के आयोजन में प्रतिभागिता रही। इसके कारण मेरी काव्य यात्रा, स्वतः ही आगे बढ़ चली। इसी दौरान, मुझे इस विधा में पारंगत की श्रेणी की तरफ अग्रसर होने के लिए प्रोत्साहित करने का श्रेय मैं, मेरी अनुजा स्वरुप किन्तु विभागीय पद में बड़ी, तत्कालीन अपर निदेशक/ मानव संसाधन आदरणीया श्रीमती डॉ. आशा त्रिपाठी क्षमा को देना चाहूँगा, जिनसे मिली प्रेरणा के कारण, मैंने अपनी काव्य रचना की विधा को एक नयी दिशा दी। मैं अपने आप को अत्यंत भाग्यशाली मानता हूँ कि आदरणीया श्रीमती आशा त्रिपाठी क्षमा जी ने मेरी प्रथम काव्य रचना की प्रस्तावना लिखने की कृपा की। मेरी इस काव्य यात्रा में उनके सहयोग के लिए मैं सदैव ऋणी रहूँगा।

पुनश्च रक्षा अनुसन्धान एवं विकास संगठन के उन अनेक सहकर्मियों के प्रति मेरा हार्दिक आभार है, जिन्होंने किसी न किसी स्वरुप में मुझे प्रोत्साहित किया।

कालांतर में जीवन के सबसे मुश्किल दौर का प्रारम्भ हुआ। मेरी अर्धांगिनी ही नहीं अपितु मेरी सर्वस्व श्रीमती लीना दूबे का एक दुखद दिन मष्तिष्क आघात हुआ और उन्होंने अपनी देखने की शक्ति खो दी। पर जीवन के इस कठिनतम दौर में, भी वो मेरी हिम्मत और शक्ति बनी रहीं। इस मध्य, मैंने कई रचनाएँ की और फेसबुक के पटल पर अपने रचनाओं का साझा किया। इस दौरान, उन्हें किडनी के डायलिसिस से भी प्रतिदिन गुजरना पड़ता था, किन्तु वो मेरी शक्ति बनी रहीं एवं मेरी काव्य यात्रा का आधार भी। और हाँ वो मेरी कविताएं सुनती थीं और उनमें वो सुधार भी बता कर कराती थी एवम साथ में मेरे जीवन का मार्गदर्शन भी करती थीं। शायद उनके प्रति, मेरा इस जीवन का समर्पण, भी अपर्याप्त ही होगा। मेरा रोम रोम उनका ऋणी है और रहेगा।

पुनश्च, मेरे समधी श्री महेंद्र पांडेय जी के अग्रज श्री यादवेंद्र यादवेंद्र जी, जो कि अनेक अंतर्राष्ट्रीय कहानियों के अनुवादक हैं, ने मुझे बहुत ही प्रभावित एवं उत्साहित भी किया। उनका स्नेह युक्त उत्साहवर्धन सदैव याद रहेगा।

फिर आयी एक ऐसी घडी जहाँ मेरा सब कुछ परिवर्तित होने वाला था। 11 दिसंबर, 2020 का वो दिन, जो मेरे जीवन का सर्वाधिक महत्वपूर्ण दिन था एवम जिस दिन मेरी लीना मुझे मिली थी, फिर से वो और महत्वपूर्ण हो गया, उनकी विदाई के कारण। वस्तुत:, यही ज़िन्दगी है। मिलन के दिन ही जुदाई। फिर क्या था, मेरी काव्य यात्रा वियोग रस के और उन्मुख हो चुकी थी। इसी मध्य, जब मैं अपनी इस काव्य यात्रा को, एक कविता संग्रह का एक स्वरुप देने के बारे में विचार कर ही रहा था, तभी सोशल मीडिया के माध्यम से मेरा परिचय आदरणीया सुश्री तृप्ति मिश्रा जी से हुआ, जिनके पति कैप्टेन आशीष मिश्रा जी की थलसेना अधिकारी थे एवं एक दुखद घटना में, उनकी मृत्यु हो गयी थी। आदरणीया सुश्री तृप्ति मिश्रा जी ने, अपने पति की याद में "यादों के पत्ते" नामक एक कविता संग्रह प्रकाशित करवाया था।जिससे मैं बहुत ही प्रभावित था। मैंने उनसे इस बारे में चर्चा की एवम उन्होंने मुझे अपनी धर्मपत्नी के समर्पण स्वरुप,

काव्य रचना को व्यवस्थित स्वरुप में डायमंड बुक्स से प्रकाशित कराने में आवश्यक प्रोत्साहन, मार्गदर्शन एवं सहयोग किया। मैं उनके प्रति सदैव हो कृतज्ञ रहूँगा।

इस काव्य यात्रा को, मैं अपने प्राण से प्रिय बच्चों को भी मुख्यतः समर्पित करता हूँ, जो मेरे जीवन का आधार हैं- डॉ. आकांक्षा एवं डॉ. रत्नेश उनका पुत्र मेरा नाती पर्व, आराध्य एवम सौदामिनी; तुम सब मेरे जीवन स्तम्भ हो और तुम्हारे बिना मेरे जीवन का कोई अस्तित्व भी नहीं। ये काव्य यात्रा, तुम सबको भी समर्पित।

अन्ततः ऐसे सभी लोगों के प्रति भी आभार प्रकट करता हूँ, जो किसी न किसी स्वरुप में मेरी काव्य यात्रा का अंग रहे हैं और जिनका नाम विशिष्ट रूप से नहीं लिख पा रहा हूँ।

सबको सादर नमन एवं सबके प्रति कृतज्ञ।।

सादर

-मोहन दूबे

अनुक्रमणिका

खंड प्रथम

खंड द्वितीय

खंड तृतीय

खंड चतुर्थ

खंड प्रथम

(1)

तेरा साथ

गर कोई कहे कि तेरे बिना अकेला हूँ, तो भी क्या।
मेरे साथ हर पल, तेरे होने के ख्यालात तो हैं ॥
तू इस दुनिया में अगर, कहीं नहीं है, तो भी क्या।
तेरे साथ बीते पलों, के ख़ूबसूरत लम्हात तो है॥

❍

(2)

बेइंतहाँ मुहब्बत

ये सच है ये
सच है कि मैं करता हूँ
तुमसे बेइंतहाँ मुहब्बत
ये सच है कि तुम बसी हो
मेरे रोम रोम में,
मेरी हर साँस मुझसे कहती है कि
वो तुम्हारे ही मुहब्बत में धड़कती है

ये सच है
ये सच है कि मुझे दुनिया की
हर एक वस्तु में बस तेरा ही रूप दिखता है
हर राह में, हर डगर में,
हर मंज़िल में, हर सफर में
तुम खुद नहीं तो क्या
तेरी यादें साथ होती हैं

ये सच है
ये सच है कि
मैं जब भी देखता हूँ

रात में आसमाँ को
तो लगता है कि
तुम चाँदनी की तरह
मेरे चारों ओर छायी हुई हो
सारी प्रकृति में मुझे
तुम व्याप्त दिखती हो
मैं हर फूल में
तुम्हारी खुशबू पाता हूँ
तुम हर पत्ते में
मुझे दिखती हो

ये सच है
ये सच है कि
जीना मुश्किल है तुम्हारे बग़ैर,
पर तेरी मुहब्बत का जुनून
मुझे मरने भी नहीं देगा

ये सच है
ये सच है कि
मेरी चाहत की कोई सीमा नहीं
पर जब प्यार किया है तो
तुम्हें मुक्त कर देना चाहूँगा

अपने यादों के बंधन से
एक नए जीवन के लिए
नयी स्फूर्ति के साथ
एक नया अध्याय लिखने के लिए

मेरे लिए बस ये पर्याप्त है कि
तुम्हारी याद में
तुम्हारी अमानतों के सहारे,
यूँ ही बीत जाये
ये शेष जीवन
तुम्हारी खूबसूरत यादों के सहारे
यही सच है, यही सच है

❍

(3)

भरोसा

प्रेरणादायी भाव, जो यूँ ही लिपिबद्ध हो कविता के रूप में परिवर्तित हो गया

तू रख भरोसा, सृष्टि के सूत्रधार पर...

हों बादलों के साये, चाहे कितने घनेरे।
घरघराहट बिजलियों की, चाहे मन झंझोरे॥
हो कालिमा ऐसी कि हृदय कंपित हो जाए।
और मन मे लगा ले, डर, चाहे कितने भी डेरे॥

तू रख भरोसा, सृष्टि के सूत्रधार पर...

निश्चित छंटेंगे बादलों के ये साये घनेरे।
और हटेगी कालिमा की मन डराती टोलियाँ।
गुंजित होगी धरा, पक्षियों की गुनगुनाहट से।
और क्षितिज पर करेंगी, रश्मियाँ अठखेलियाँ॥

तू रख भरोसा, सृष्टि के सूत्रधार पर..

होगी सुबह निश्चित और सूर्य किरणों को बिखेरेगा।
जो तेरे भय के सारे भ्रम को तुमसे दूर कर देगा॥

○

(4)

एक ही दिन के कई रंग
(11.12.2020- ३८वीं वैवाहिक वर्षगांठ)

प्रातः काल – (बधाई)

तुझसे मिला है सब कुछ, तोहफ़ा तुझे दूं क्या।
मेरी ज़िन्दगी है तू बस, कैसे करूं बयाँ॥
मेरा हौसला तुम ही थे, जब निकले थे थामे हाथ।
अब बाकी हैं चार दिन तो, बस चाहिए तेरा साथ॥

कृतज्ञता

तेरी सांसों में बसी है, मेरे जीवन की आस।
तेरा साथ है, तो लगे, सब ज़हां है मेरे पास॥
तेरी धड़कनों में, बसती हैं, जीवन की सांसें मेरी।
तेरे वजूद से ही मुमकिन, ये ज़िन्दगानी मेरी॥

मध्याह्न – विदाई (श्रद्धांजलि)

तुम आई थी आज दुनिया में, बनके खुशी मेरी।
तू नहीं तो क्या खुशियाँ मेरी, अब हैं यादें तेरी॥
खूबसूरत बहुत थे पल, जो बीते थे संग तेरे।
उनके सायों में बीत जायेंगे, बाकी के दिन मेरे॥

!! ॐ शान्ति !!

क्या पता था मुझे, आज कुछ ऐसा कर जाओगी।
शादी की सालगिरह को, कुछ ऐसे अमर बनाओगी॥
बन्धन मे बंधे थे हम - तुम, आज ही के दिन।
उन बंधनों को भी तोड़ा, फिर आज ही के दिन॥

मुझे क्या पता था कि आज की लिखी कुछ पंक्तियां, मेरी श्रद्धांजलि बन जायेगी। खुश रहना, अपनी अगली मुलाकात तक, क्योंकि मेरी आत्मा भी, तुम्हारे साथ रहेगी!

तुम्हारा मोहन

❍

(5)

तुम्हारे बिना पहली होली

सब रंग मेरी ज़िंदगी के, बस तेरी वजह से है।
ये जिंदगी, ये बागवाँ, सब तेरी वजह से है।।
तू रहे जहां, खुशियों के रंग, बरसते रहें सदा।
तू नही तो क्या, मेरी ज़िंदगी, तेरी वजह से है।।

मेरी आत्मा, तुम जहां भी हो, तुमको होली की हार्दिक शुभकामनाएं।

❍

(6)

बावरे मन

हे रे बावरे मन
तू इधर उधर, है क्यों, भटक रहा,
ज़रा ठहर जा, तू बता क्या हुआ।
क्या खो गया है, क्या न मिल रहा,
दिल का सुकूं, क्या तेरा, गुम हुआ॥

जो तेरा दर्द है, कुछ खास है,
इसमें छुपी, कुछ आस है।
हो निराश मत, कुछ सब्र कर,
तेरा रब तो, तेरे पास है॥

जो था तेरा, वो तेरा नहीं,
फिर है पड़ा, क्यों तू सोच में।
एक बूंद थी, वो घने मेघ की,
जा फिर मिली, उसी मेघ में॥

मिट्टी है सब, कुछ भी नहीं
कुछ तेरा नहीं, कुछ मेरा नही।
कुछ भी नहीं, तो गुम क्या हुआ,
रम जा ज़रा तू रब में कहीं॥

(7)

जी रहा हूँ क्यूँ

मैं, यूँ बस जी रहा हूँ क्यूँ, ये मुझे समझाओ तो जरा।
लौट कर फिर तुम आओगे क्या, ये बताओ तो जरा॥
दीवार ओ दिल, के दरम्याँ, अब मेरा दिल है कहीं नहीं।
रूठ कर जबसे तुम गये, कभी मुड़ के देखा ही नहीं॥

किस दर पे जाके मिन्नतें करूं, मुझे कुछ पता ही नहीं।
या फिर खुद, तेरे पास जाने का, कोई रास्ता ही नहीं॥
इस कश्मकश में, जी रहा हूँ क्यों, ये समझाओ तो जरा।
लौट के फिर कभी आओगे क्या, ये बताओ तो जरा॥

(8)

खुद की खोज में

कुछ खो गया है कहीं, कहीं खुद मैं तो नहीं।
कई दिनों से कभी, खुद को खोजा ही नहीं॥

जब तुम थे मेरे पास, तो मैं भी था यहीं कहीं।
तुम्हारी आहट पर, खुद को पा जाता था कहीं॥
तुम्हारी मुस्कराहट दे देती थी, खुशियां यहीं कहीं।
खोजता हूँ, उन लम्हों को, जो गुम हो गए हैं कहीं॥

जब तुम थे तो मैं भी था, हम साथ थे यहीं कहीं।
रब को तुमसे, मुझसे, शायद ज्यादा, प्यार था कहीं॥
बुला लिया तुम को, बड़े प्यार से, रब ने, जन्नत में कहीं।
लगता है कि तेरे संग, मैं भी निकल, पड़ा था कहीं॥

कुछ अलग ही नहीं, तो फिर, ढूंढता क्यूँ कुछ कहीं।
हमसाया भी तो खुद का साया, शायद होता है कहीं॥
खुश इस बात से हूँ कि, तुम्हारे पास मैं होऊंगा कहीं।
खुद को इसी वजह से, मैं ना ढूंढ पाया यहीं कहीं॥

कुछ खो गया है कहीं, कहीं वो खुद मैं तो नहीं।
कई दिनों से कभी, खुद को खोजा ही नहीं॥

❍

(9)

प्रतीक्षा

जबसे गए हैं वो करके बेचैन मुझको।
इक अरमाँ है कि उनसे फिर मिल पाऊं मैं॥
दर पे पलकें बिछा रखी हैं मैंने अपनी।
कि वो आएं तो, नींद से उठ जाऊं मैं॥

कुछ आहट सी होती है, जब दर पे मेरे।
नज़रें टिक जाती है, उनको ढूँढने लगता हूँ मैं॥
हवा के झोंकों में ढूंढता हूँ, खुशबू उनकी।
वो आए हों घर में, ये सोचने लगता हूँ मैं॥

दर पे पलकें बिछा रखी हैं मैंने अपनी।
कि वो आएं तो, नींद से उठ जाऊं मैं॥

जानता हूँ, कि जाने वाले, वापस आते ही नहीं।
फिर ये उम्मीद, क्यों दिल में जगा बैठा हूँ मैं॥
शायद वो आएं तो, किसी नए चोले में कहीं।
दिल में अपने ये आस लगा बैठा हूँ मैं॥

दर पे पलकें बिछा रखी हैं मैंने अपनी।
कि वो आएं तो, नींद से उठ जाऊं मैं॥

(10)
बिछुड़ता कारवां

छूटती सी जा रही, अब ये जिंदगी है।
वक्त भी कुछ आगे, निकलता जा रहा है॥
धीरे-धीरे मुझको अब, ये लगने लगा है,
तेरा कारवाँ मुझसे, बिछड़ता जा रहा है॥

चल पड़े थे पग तेरे, मुझको अकेला छोड़ कर,
पीछे खड़ा तेरे रास्ते के, मील मैं गिनता रहा॥
वक्त के पहिए, कुछ इस तरह बढ़ते रहे कि।
तुम ओझल हो रहे थे, मैं खड़ा तकता रहा॥

इस बरस के दरम्यान, कुछ कर्म थे, मुझको निभाने।
कर्म करते रहते संग, कुछ धर्म थे मुझको निभाने॥
लगा कर्म धर्म के साथ में, तेरे संग मेरे पल कट रहे हैं।
जब ये कर्म पूरे हो रहे तो, मेरे हौसले कुछ घट रहे हैं॥

रब से मैं, ये कहता रहूँगा, मिल जाए नई मंजिल तुम्हें।
तुमको मिले खुशियाँ नयी, मिल जाए, नई रोशनी तुम्हें॥
हो जाए जगमग, वो जमीं, पड़ जाए तेरे पग जहां।
तेरी रोशनी की राह पे, मिलते हैं तुमसे हम वहां॥

○

(11)

पुरानी डायरी के पन्ने- चाहत

ये हकीकत है कि
मैं जाना चाहता हूँ, तुमसे दूर, बहुत दूर
इतनी दूर कि
मैं तुम्हारी आँखों से, ओझल हो जाऊं

क्योंकि
मैं नहीं देखना चाहता, तुम्हारा अप्रतिम सौंदर्य
मैं नहीं सुनना चाहता, तुम्हारी सुमधुर वाणी
बस चला जाना चाहता हूँ, तुमसे दूर बहुत दूर

बस चाहता हूँ कि
तुम खिलखिलाती रहो, पर सुनाई ना दो
तुम संवरती रहो, पर दिखाई ना दो
आगे बढ़ती रहो तुम जीवन पथ पर
मुड़ के देखो कभी ना, ना एहसास-ए- जुदाई दो

बस यही इल्तिज़ा है कि
मुझे जाने दो, अपने साये से भी दूर, बहुत दूर
और निभाने दो मुझे, इस जीवन काल के कर्तव्य
ताकि सभी दायित्वों से मुक्त होकर
मैं कर सकूँ,
इस जीवन के पार, तुम्हारा इंतजार,
अपलक इंतजार।

(12)

क्यों आते हो

क्यों आते हो तुम
हवा के झोंकों की तरह बार-बार
क्यों छेड़ जाते हो
मेरे मन मष्तिष्क के तार-तार
मैं जीना चाहता हूँ एक निर्लिप्त जीवन
रहना चाहता हूँ
अपने हिस्से के आसमाँ में
फिर मुझे तुम क्यों दिखते हो
चाँद सितारे बार-बार
क्यों छेड़ जाते हो तुम
मेरे मन मस्तिष्क के तार-तार

तुम्हारे आने की आहट से
मैं बेचैन हो जाता हूँ
समेटना चाहता हूँ सभी कुछ
कर अपनी बाँहों का विस्तार
ये जानते हुए भी कि

ये बाँहें तुम्हें रोक नहीं पायेंगी
चाहे मैं कर लूँ कितना भी विस्तार

ये तुम भी जानते हो
और मैं भी
फिर भी क्यों आते हो
हवा के झोंकों कि तरह बार-बार
और क्यों छेड़ जाते हो
मेरे मन मष्तिष्क के तार-तार

❍

(13)

कश्मकश

उनको पाना भी ना चाहा।
उनको छोड़ा भी ना गया।।
दिल में बस गए हैं वो।
दिल को तोड़ा ना गया।।

याद जब आती है उनकी।
तो वो दूर चले जाते हैं।।
जब भूलने लगता हूँ तो।
दिल पे दस्तक दे जाते हैं।।

बड़े जतन से संभाला था मैंने।
दिल को, यादों से बचा रखा था।।
उनके आने की आहट को मैंने।
दहलीज पर ही बिठा रखा था।।

दिल की दहलीज से उनको।
मुझसे हटाया भी ना गया॥
बस गए हैं वो दिल में मेरे।
उनसे ये बताया भी ना गया॥

बड़े कश्मकश में है मोहन।
नाता उनसे जोड़ा ना गया॥
दिल में बस गए हैं वो ऐसे।
दिल को तोड़ा भी ना गया॥

❍

(14)

कर्मफल

ये तो होना ही था
कहते हैं कि
आदमी जो कर्म करता है
उसके फल भी यहीं भुगतने होते हैं
शायद मेरी भी यही नियति है
आज मुझे ये एहसास होता है कि
मेरी अपेक्षा ने
तुम्हें कितना रुलाया होगा
तुमने कैसे काटे होंगें वो मुश्किल पल
मेरी बेवफ़ाई ने कितना रुलाया होगा
भरी दुपहरी में तुमने कैसे किया होगा
सड़क के किनारे मेरा इंतज़ार
बनाये होंगें तुमने कितने बहाने
मुझसे मिलने के लिए बार-बार
और तुम्हारी इतनी कोशिशों के बाद भी
मेरे न आने पर
तुम्हें आया होगा कितना रोना
बहाये होंगे तुमने कितने आँसू

दर्द सहे होंगे तुमने जाने कितने
मेरी बेवफ़ाई ने बर्बाद की होगी
तुम्हारी कितने रातों की नींदे

आज मैं
उम्र की दूसरी छोर पर खड़ा
जब पुनरावलोकन करता हूँ
अपनी उन नादानियों का
जब महसूस करता हूँ
उन अनगिनत गलतियों को
और समझ पाता हूँ
तुम्हारे उन लम्हों के दर्द को

शायद ये मेरी नियति है
शायद प्रकृति ने तुम्हारे उन लम्हों का
मुझसे आज हिसाब माँगा है
आज मैं
ठीक तुम्हारी तरह ही करता हूँ
तुम्हारा इंतज़ार
ये जानते हुए कि
तुम कहीं भी नहीं हो आस पास
मैं घुट घुट कर सहता हूँ दर्द सारे

शायद तुम्हारी तरह ही
मगर कुछ भी हासिल नहीं होता
आज मेरे 'मैं' का ग़रूर
चकनाचूर हो चुका है
शीशे की तरह टूटकर बिखर गया है
और मेरे ही पैरों के नीचे आकर
कर रहा है, मुझे लहू लुहान
आज मैं माँगना चाहता हूँ
तुमसे माफ़ी
पर तुम कहीं भी नहीं हो
मुझे माफ़ करने के लिए
शायद प्रकृति ने मुझे छोड़ दिया है
इसी हालत में जीने के लिए
अपने दिए गए सभी ज़ख्मों का
हिसाब चुकता करने के लिए
अपनी हर बेवफ़ाई की
सज़ा का ज़हर, पीने के लिए
और बेजान जीवन जीने के लिए

(15)

अपना करम, अपना धरम

सब अपना करम है।
सब अपना धरम है॥

कर ले खड़ी तू इमारतें, करके फरेब मेरी साख से।
और बना ले आशियाँ, मेरी अस्थियों की राख से॥

जलती हुई ये अस्थियां,कभी उफ़ ना करेंगी।
तेरा आशियाँ, ना उजड़े, ये दुआ सदा करेंगी॥

तू हसंता रहे मेरी चिता पे, ये तेरा करम है।
मैं जलके भी उफ़ ना करूं, ये मेरा धरम है॥

(16)

आत्मा

तुम प्रभु के अंश हो
तुम रचना हो
वो रचयिता हैं
तुम आत्मा हो
वो परमात्मा हैं
फिर क्यों खोजते हो
सुख शांति
इस भौतिक जगत में
जब कि
ये वस्तुतः समाहित है
तुम्हारे हृदय में
खोजो तो तुम्हें मिलेगा
अनंत प्रेम अनंत सुख शांति
स्वयं में
बाहर जो है
मात्र मिथ्या है
सत्य तो बसा है
तुम्हारे मन में
अन्तर्मन में

(17)

अजी सुनती हो ना

अजी सुनती हो ना
तुम जैसा चाहती थी
अब बिल्कुल वैसा ही हो गया हूँ

सुबह सुबह
तुम्हारी आवाज़ के बिना भी
उठ जाता हूँ मैं
ज़िद नहीं करता
तुमको बोलता भी नहीं कि
बेड टी कब दोगी
बार बार चाय के लिए
अब आवाज़ भी नही देता
अब नींबू शहद
गुनगुने पानी में डाल
पी लेता हूँ
तुम कहती थी ना कि
ये आपकी
सेहत के लिए
अच्छा है

वो हर बात मानता हूँ
अब बिल्कुल वैसा ही करता हूँ

अजी सुनती हो ना
तुम जैसा चाहती थी
अब बिल्कुल वैसा ही हो गया हूँ

अब खुद ही समय से उठ
बिना चाय पिये ही
नहा लेता हूँ
फिर बिना कुछ ग्रहण किए
पूजा भी कर लेता हूँ
और बच्चों के बताने पर
समय पर अपना नाश्ता भी

मुझे याद आती है कि
कितनी परेशान रहती थी तुम
लेकर थाली अपने हाथ
मेरे तैयार होते समय
अपने हाथों से कराती थी
मुझे नाश्ता
अब खुद ही कर लेता हूँ

अब सब कुछ ठीक से
रखता हूँ
घड़ी, पर्स, चश्मा, पेन
ऑफिस और गाड़ी की चाभी भी
हर काम वैसे ही
करता हूँ
जैसे तुम चाहती थी

अजी सुनती हो ना
तुम जैसा चाहती थी
अब बिल्कुल वैसा ही हो गया हूँ

तुम जैसे चाहती थी
कपड़े वैसे ही सलीके से
पहनने की कोशिश करता हूँ
शर्टिंग पर खास ध्यान रखता हूँ
अब तुम जो नहीं हो
ठीक डरने के लिए
यार, बस बाल रंगने
छोड़ दिए है मैंने
अब मन नहीं करता
किसके लिए करूँ
लेकिन डाँटना मत

लोग कहते हैं कि
सफेद बालों में भी
कुछ ठीक ठाक सा ही
दिखता हूँ मैं

अजी सुनती हो ना
तुम जैसा चाहती थी
अब बिल्कुल वैसा ही हो गया हूँ

अब बस
अपने काम से मतलब रखता हूँ
किसी से कुछ भी
बहस नहीं करता
गाड़ी चलाते समय भी
किसी दूसरे की गलती पर भी
कुछ नहीं बोलता
बस मुस्करा कर कह देता हूँ
अरे भाई संभाल के
तुम्हारे बीबी बच्चे
तुम्हारी राह देख रहें हैं

अजी सुनती हो ना
तुम जैसा चाहती थी
अब बिल्कुल वैसा ही हो गया हूँ

शाम को भी चाय की कोई
इच्छा नहीं रहती
भगवान को दीपक दिखा
बड़े ही इत्मीनान से
जल्दी डिनर करके
सोसायटी में
टहलने चला जाता हूँ
कानों में ईयर फोन लगा
बस पुराने गाने
और भजन सुनता हूँ
और हाँ, इधर-उधर भी
नहीं देखता
कानों में संगीत
आखों में तुम
टहलते चला जाता हूँ
रात को भी समय से
सो जाता हूँ

अगली सुबह जल्दी
जागना भी तो होता है ना
खुद से
अब जो तुम नहीं हो ना

अजी सुनती हो ना
तुम जैसा चाहती थी
अब बिल्कुल वैसा ही हो गया हूँ

इन सब बातों के बीच
बस एक ही अफ़सोस रहता है
कि जैसा तुम चाहती थी
गर तुम्हारी नज़रों
के सामने ही
हो जाता तो
शायद तुमको कुछ सुकून
मिल पाता
काश मैं ऐसा
कर पाया होता
काश मैं वैसा
बन पाया होता

खंड द्वितीय

!! क्षणिकाएँ/लघु कवितायेँ !!

1.
शुक्रिया

शुक्रिया, ए मेरे हमसफर, मेरी तहफ़्ज़ के लिए।
ख़ुदा की नेमत है तू, कुछ मयस्सर नहीं, तेरे बगैर॥

2.
रोशनी

मुश्किल ही सही, पर यकीनन वो वक़्त आयेगा।
तुम्हारी रोशनी से, घर अपना, जगमगायेगा॥

3.

दुआ

तुझे और क्या दूँ मैं दुआ के सिवाय,
तुझको हमारी नज़र मिल जाये
जगमग हो जाएँ ये निगाहें तेरी,
गर कमी है कहीं, तो रब ले ले निगाहें मेरी
रौशन हो जाए, ये सारा जहाँ तेरा,
देखूँ तेरी निगाहों से ये तसव्वुर मेरा

4.

एहसास

नींद आती है तो, बस आगोश में तेरे
सुबह उठता हूँ तो दीदार तेरा होता है।
तूझे इस कदर बेइंतहां, प्यार था मुझसे
तेरी तस्वीर से अब एहसास मुझे होता है।।

5.

यादों का साया

आज फिर से, तेरी याद ने, बहुत रुलाया है मुझे
आज फिर से, तुझपे, बेइंतहां प्यार आया है मुझे।
तेरी तारीखों पर सिर्फ, तू याद आए, ये मुमकिन नहीं
मेरी हर धड़कन, हर सांस पर, तेरी यादों का साया है॥

6.

यादों का कारवां

सजा ली है हमने पालकी, तेरे हसीन यादों की।
ये कारवां, तेरी यादों का, ता उम्र चलेगा॥

7.

ज़िंदगी के रंग

रंगीन थी दुनिया मेरी, जब हम संग संग थे।
तुम थे तो मेरी ज़िंदगी में सारे रंग थे।।

8.

खामोशी

ऐ चांद तू, मेरी खामोशी, मेरा ये ठहराव, बस मत देख।
लाख उलझनों, तकलीफों को, मैंने आगोश में समेटा है।।

9.
दर्द

दर्द भी इतना हसीन होगा, ये कभी सोचा न था।
निगाहों ने कमबख्त, मोतियों पे उतारा इसको॥

10.
यादें

क्यूँ लगता है कि तुम अब भी हो, बस यहीं कहीं
बेचैन हो निगाहें, हैं तकती इधर-उधर।
रूह की गहराइयों तक बस चुके थे तुम,
यादें तेरी, ले जाती मुझे, जाने किधर-किधर॥

11.
ज़िंदगी

है कौन सा ये सिलसिला, तू बता जरा ए ज़िंदगी,
आया कोई ठहराव जब, क्यूँ मुड़ चली नई राह पे।
ना थका कभी किसी राह में, चलता रहा, चलता रहा,
तू राहें नयी चुनती रहे, मैं मिलूंगा तुझे हर राह पे॥

12.
खुशनुमा पल

जो गुज़र गया, वो गुज़र गया,
मैं यूँ ही तड़पता रह गया।
ना याद रखूंगा कभी, तेरे दर्द को, दिल में मेरे,
जो खुशनुमा पल रहे कभी, रह जायेंगे वो संग मेरे॥

13.
ख्वाहिशें

ख्वाहिशों को, मैं जब भी, बंदिशों में क़ैद करता हूँ।
जकड़ लेती हैं, वो भी मुझे, आगोश में अपने।।

14.
इश्क़

मन जब उलझे, बेवजह के सवालों में, तो समझो इश्क़ है,
हर वक्त खोये हो, गर किसी के ख्यालों में, तो समझो इश्क़ है।
जब तुमसे होने लगे, बेवजह नादानियाँ, तो समझो इश्क़ है,
जब खुद को खुद से, होने लगे दुश्वारियाँ, तो समझो इश्क़ है।।

15.
बेपरवाह इश्क़

तुमसे मेरा यूँ दिल लगाना कोई गुनाह तो नहीं,
तेरी यादों में हर वक्त खो जाना, कोई गुनाह तो नहीं।
तुमको मुझसे मोहब्बत हो या ना भी हो,
बेपरवाह तेरे इश्क़ में खो जाना, कोई गुनाह तो नही।।

16.
प्यारे दोस्त

जैसे ही, हम नींद के आगोश में, चले जाते हैं।
जानें क्यों, कुछ दोस्त पुराने, याद आ जाते हैं।।

17.

खुशियों का बोझ

खुशियों के बोझ से, बहुत थक से गए हो तुम।
फ़ुर्सत से बैठकर, कभी गम भी सुनाया कर॥
क्या जरूरत है, दरिया की लहरों, में सामने की।
अपने गम की, दरिया में, हम को भी डुबाया कर॥

18.

सुकूने शाम

दिन यूँ हीं गुज़र जाता है, उलझने सुलझाने में।
सुकूने शाम, तेरा इंतज़ार, बड़ी हसरत से करते हैं॥

19.
हौसला

हम वो दरख़्त नहीं, जो आँधियों में टूट जाते हैं।
हमें ज़मी को चूम कर, उठने का हुनर आता है।।

20.
हवा का झोंका

हवा का झोंका हूँ मैं, मरहम सा असर रखता हूँ।
गर हो सके, तो ज़ख्म अपने, छू लेने दो मुझे।।

○

खंड तृतीय

(1)
मन क्या है

मन क्या है
हम क्यों इसकी धुन पर नाचते हैं

ऋषि मुनि हों या विद्‌जन
सबने मन की व्याख्या
अपनी अपनी तरह से की है और
एक नयी परिभाषा दी है

पर जाने क्यों ये प्रश्न
कुछ अनुत्तरित ही लगता है
संभवतः मन की कोई भी परिभाषा
इसके सभी आयामों को
समेट नहीं पायी है
संभवतः सृष्टि के सृजन से अब तक
जितने भी प्राणी हुए होंगें वो
मन के प्रभाव से पूर्णतः मुक्त नहीं रहे होंगें
मेरे अल्प विवेक से

मन संभवतः ईश्वरीय शस्त्र है
जिससे प्रभु अपनी लीलाओं के
अस्त्र छोड़ते हैं
हम जब भी
मन की धुन पर नाचते हैं
तो वस्तुतः
प्रभु ही हमें नचा रहे होते हैं
संभवतः मन और अंतर्मन का द्वन्द भी
ईश्वरीय लीला ही है
जिसका सूत्रधार
स्वयं ईश्वर हैं
स्वयं ईश्वर हैं

❍

(2)

मन-शाश्वत प्रश्न

मन!
तू शाश्वत प्रश्न है
प्रश्नों का प्रश्न है
जब भी मैं उत्तर देता हूँ
उद्भव होता है
एक नए प्रश्न का

मन!
तेरे प्रश्नों की निरंतरता
मुझे स्तब्ध कर देती है
मैं नि:शब्द हो जाता हूँ
और डूब जाता हूँ
तेरे प्रश्नों के भँवर में
मेरे उत्तर देने के सभी प्रयास
व्यर्थ हो जाते हैं

मन!
मैं जब भी पराजित होने
के कगार पर पहुँच

सभी प्रयास छोड़ने
की चेष्ठा करता हूँ
तूँ ही मुझे भंवर से निकाल
नयी ऊर्जा देता है
अनुत्तरित प्रश्नों का
उत्तर देने के लिए

मन!
सम्भवत:
यही प्रश्नों-उत्तरों का क्रम
मेरी नियति है
वस्तुत:
ये क्रमानुक्रम
मेरे श्वांस की प्रतिकृति है

अत:
हे मन!
ये विनती है साभार
ये क्रमानुक्रम बना रहे
क्योंकि
ये ही है
जीवन का आधार

○

(3)

मन - यक्ष प्रश्न

हे मन
तू यक्ष प्रश्न की तरह है
जिसका उत्तर
मात्र युधिष्ठिर के पास ही हो सकता है

हे मन
मैं युधिष्ठिर नहीं जो दे सके
तेरे सभी प्रश्नों का उत्तर
मैं युधिष्ठिर बनना भी नहीं चाहता
क्योंकि मैं नहीं हार सकता
भ्रम के आवरण में
अपने प्रियजन, सुख शांति एवं
अर्जित सूक्ष्मतम वस्तु भी

इसलिए
हे मन
मुझे अभय दान दो
अपने प्रश्नों की बौछार से
और
जीने दो मुझे
एक संतृप्त जीवन

(4)

मन-आवेग

दिन प्रतिदिन
क्यों हो रहा है मेरा पतन
मैं क्यों नहीं रोक पाता
उन आवेगों को
जो अकस्मात्
किसी आंधी की तरह
मेरे चरित्र को
उखाड़ने का प्रयास करते हैं
संभवतः
यह मेरे पुरुषार्थ की कमी होगी
क्योंकि
मैं नहीं सींच पाया
अपने चरित्र रूपी वृक्ष को
नहीं दे पाया
पूर्ण संस्कार का आवरण

ताकि
मेरे चरित्र की जड़ें
इतनी गहरी हो जाए कि
कोई भी आवेग
मेरे चरित्र रूपी वृक्ष को
कभी भी
हिला भी ना पाए

(5)

मन- पराधीनता

मैं थक सा गया हूँ
पराजित हो गया हूँ
अपने मन की पराधीनता से

मैं क्यों तोड़ नहीं पाता
इसकी बेड़ियाँ
मैं क्यों नहीं निकल पाता
इसकी चाहरदीवारी से

मैं जानता हूँ कि
मन के संवेग छद्म हैं
मन का लक्ष्य मृगतृष्णा है
फिर भी
मैं क्यों
इस छद्म आवरण को
अंगीकृत कर
मृगतृष्णा को लक्ष्य बना
चलता चला जाता हूँ

किसी नियंत्रित यन्त्र की तरह
परिणाम से अनभिज्ञ
स्वयं से अपरिचित सा
अपनी पराधीनता का प्रमाण
स्वयं देते हुए

सम्भवतः
जीवन मुक्ति ही
मन की परतंत्रता से मुक्ति होगी
बस यही आस लिए
किये जा रहा हूँ
मन की पराधीनता
जिये जा रहा हूँ
एक पराधीन जीवन

(6)

दूषित मन

ऐ दूषित मन
तू दूषित रह
तू दूषित जी
तू दूषित मर

पर मत कर दूषित
उन कोमल हृदय को
जो निर्मल है
स्वच्छ हैं
जो शुचिता का पर्याय है

तुमको एक परामर्श है कि
तू बना ले एक ऐसा आवरण
जो तुझसे
उर्जित दूषित विचारों को
स्वयं तक ही सीमित रखे
तू स्वयं दहन हो जा
अपने दूषित विचारों की अग्नि में

पर आंच न आने दे
उस निर्मल हृदयों पर
जिन पर
विश्व में
अच्छाई, विश्वास
और
सद्‌चरित्रता
फ़ैलाने का दायित्व है।

○

(7)

मन का अन्तर्द्वन्द

मन में मेरे
एक अन्तर्द्वन्द छिड़ा है
मैंने अनगिनत प्रयास किये
ये जानना चाहा कि
सत्य क्या है और असत्य क्या है
ज्ञान क्या है और अज्ञान क्या है
पर मैं कुछ भी नहीं जान पाया
मैं खोजता रहा सब कुछ
पर जब कुछ मिला
तो मिथ्या और कुछ नहीं
दूर से दृश्यमान
किन्तु वस्तुतः मृगतृष्णा

इस जीवन की भाग दौड़ में
एक ही बात सत्य प्रतीत हुई
कि सूत्रधार कहीं और है
हमें अपने हिस्से का बस चरित्र निभाना है

दिया गया कर्तव्य पूर्ण करना है
हम ये कैसे जान सकते हैं कि

सत्य, असत्य क्या है
ज्ञान, अज्ञान क्या है
हमें तो बस कठपुतली की तरह
अपने हिस्से का पात्र
पूरी लग्न से निभाना है
नचाने वाला कहीं और है
हमें तो बस नाचते जाना है

(8)

मन - अमृत कुम्भ

तेरा मन समंदर है
अमृत तेरे अंदर है
अमृत की एक कहानी है
जो सहस्त्रों वर्ष पुरानी है

सभी शक्तियां थी आसक्त
सभी चाहते थे अमरत्व
सभी ने मिल कर किया चिंतन
करें हम मिल समुद्र मंथन
मिलेगा अमृत इस क्रम में
होगा अमरत्व जीवन में

तू ऐसा ही एक समंदर है
अमृत जिसके अंदर है
तेरी ये शाश्वत नियति है
मंथन जिसकी परिणति है

सुर हों या असुर
है सभी अति आतुर
करेंगे तेरा सब मंथन
करेगा तू बहुत क्रंदन

सुनेगा न कोई पीड़ा
सभी चाहें अमृत बीड़ा
सहकर सभी कष्ट पीड़ा
तू देगा सबको अमृत बीड़ा
क्योंकि
तू समुद्र सा जलनिधि जीवन स्तम्भ है
तेरा पर्याय अमृत कुम्भ है

(9)

मन- उड़ान

क्यों उड़ते हो
क्यों उड़ते हो
मेरे मन
इस आकाश में
तुम जानते हो कि ये अनंत है
दूर कहीं धरती और आकाश का संगम
जो तुम्हें दिखाई देता है
क्यों चाहते हो
उसे पास से निहारना
क्यों करते हो
ऐसी स्थिति की कल्पना
क्या बार बार भ्रम टूटने पर भी
तुम्हें आत्मबोध नहीं होता कि
ये मात्र मृगतृष्णा है

हे मन!
फिर क्यों विचरण करते हो
इस आकाश में

ये जानते हुए भी कि ये अनंत है
तुम ध्यान से सुनो
अपनी सखी बुद्धि की बात
वस्तुतः धरती और आकाश
कभी मिल ही नहीं सकते
एक अचर की तरह टिकी है
अपनी धुरी पर
समेटे अपने अंदर अनगिनत हलचलें
जिनके झकझोरने के बाद भी
जो बाह्य स्वरुप में
नितांत शांत दृष्टिगोचर होती है
समेटे सभी दर्द अपने आगोश में
जबकि दूसरी तरफ
आकाश हो उन्मुक्त विचरण करता रहता है
अपनी ही धुन में
बदलता रहता है अनेकों रूप
कभी नीला कभी पीला
कभी काला कभी चमकीला
अपने कोई भी भाव
ये कभी नहीं छुपाता
कभी कोई तो कभी कोई स्वरुप दर्शाता

ऐसी स्थिति में
कैसे हो सकता है इनका मिलन

शायद इसीलिए हे मन
कभी संभव नहीं हो पता इनका मिलन

हे मन!
तुम्हे भी धारण करना चाहिए
धरती का चरित्र
आकाश चाहे दिखाए
कितने भी लुभावने स्वरुप
चाहे जितना भी सताए
देखकर सब कुछ तुम्हें
निःस्पंद बन समेटने होंगे
तेरे सभी भाव, सभी क्रंदन
चाहे कितने भी हो जाएँ
तेरे हृदय में हलचल और स्पंदन

खंड चतुर्थ

!! कुछ दिल से !!

(1)
हौसले: जीवन के

कोरोना काल की एक अनुभूति

हौसले हो गए कम, मगर वो टूटी नहीं है।
ज़िंदगी कम हुई कुछ, मगर रूठी नहीं है॥
वक्त ऐसा है आया, बिछड़ा लाखों का साया।
दौर गम का है यारों, कुछ मातम है छाया॥

माँ की गोदें है उजड़ी, मांगें सूनी हो गईं कुछ।
उड़ गए कुछ परिंदे, वाणी गूंगी हो गईं कुछ॥
सांसे थम सी गई कुछ, मगर ये टूटी नहीं है।
ज़िंदगी कम हुई कुछ, मगर रूठी नहीं है॥

गिर गए हों तो क्या, उठ खड़े होगें हम।
टूटे पैरों से आगे, हंस के चल लेंगे हम॥
उजड़ी दुनिया को, फिर से, बसाएंगें हम।
जिंदगी का दिया, फिर जलाएंगें हम॥

कुछ मद्धिम सही, मगर वो छूटी नहीं है।
ज़िंदगी कम हुई कुछ, मगर रूठी नहीं है॥
इंसानियत को सादर समर्पित

❍

(2)

प्रार्थना :
सभी कोरोना योद्धाओं को समर्पित

यत्र तत्र सर्वत्र प्रभु,
तड़पत, कलपत, जन जीवन है।
श्वांस - विषाणु, हैं, श्वांस धरत,
विपदा, दुःखदा, में जन मन है।।

कुछ तमस, तिमिर फैलावत हैं,
मरणाशन से धन खावत हैं।
मृतकों की अर्थी, उठावन को,
परिजन को, लूटत जावत हैं।।

कुछ देवतुल्य, उदार हृदय,
करुणा-अरुणा, फैलावत हैं।
अपना तन धन सर्वस्व, लुटा,
मानवता - प्रेम, सिखावत है।।

हे तमस, तिमिर, हो सावधान,
है अंत तेरा, अब आवत हैं
अब जाग चुका, सतचित जनमन,
सब सत्व प्रकाश फैलावत हैं।।

तन के विषाणु, मन के विषाणु
सब मिलजुल, इन्हें भगावत हैं
निष्कंटक बने, यह जन जीवन
हम प्रभु से नित प्रति ध्यावत हैं।।

❍

(3)

ये तो इश्क़ है

जब तुमको कुछ भी ना लगे, खुदा से जुदा।
हर वक्त हर जगह, तुम करने लगो सजदा॥
ये तो इश्क़ है।

गिरजाघर की सीढ़ियां, बन जाएं महबूब की गलियां।
बार बार हाथों में आ जाए, इबादत की मोमबत्तियां॥
ये तो इश्क़ है।

जब हर वक्त, कानों में होती हो, गुरुबाणी की गूंज।
शाम होते ही, जब दिखाई दे, गुरूद्वारे की ज्योति पुंज॥
ये तो इश्क़ है।

आरति की गूंज, जब कानों में, हर वक्त सुहाती रहे।
घंटा - शंख ध्वनि, घर से पहले, जब मंदिर बुलाती रहे॥
ये तो इश्क़ है।

जब हर जगह बस इश्क़ है, तो यूँ नफ़रत क्यों है।
फिर ये मेरा इश्क़, वो तेरे इश्क़ से, बेहतर क्यों है॥
चलो सब साथ चल, अपने इश्क़ की नदियां बहाते हैं।
फिर चलके, सबके "महबूब ए इश्क़" समंदर, में समाते है॥

(4)

होली

होली के पावन रंगों से
ये धरा यू हीं गुलज़ार रहे।
कुछ भिन्न भिन्न से रहें मगर
इक मिला जुला आकार रहे॥

सब तेरे दुःख, अब मेरे हों
मेरे सुख में, तेरा भाग रहे।
वसुधैव कुटुम्ब हो, जन मन में
होली पे प्रेम प्रवाह रहे॥

❍

(5)

भीड़ में अकेले में

सोनपुर मेले में
भीड़ में अकेले में

झुंड में बैठी एक गाय
थी बहुत निस्सहाय

आयी थी सब पीछे छोड़
ग़म में थी वो सराबोर
बछिया की याद सताती थी
अधीर हो जाती थी

अभी कम सयानी थी
खेल की दीवानी थी
दौड़ कर आती थी
पास लिपट जाती थी

उसे क्या पता था
कब बिछड़ जाना है
मैंने भी सोचा था
बस खेत तक जाना है
निकल आयी इतनी दूर

कैसी होगी मेरी नूर
यही सोच रही निस्सहाय

सोनपुर मेले में
भीड़ में अकेले में

गाय तो गाय थी
भाषा से निस्सहाय थी
दर्द उसकी नियति थी
व्यक्त नहीं कर सकती थी

पर मेले का अकेलापन
उसको भी सताता था
जो भाषा से सक्षम थी
पर तक़दीर से अक्षम थी

वो भी सोच रही निस्सहाय
रंग रंगीली दुनिया में
तक धीना धुन दुनिया में

नाचती हूँ गाती हूँ
सबका दिल बहलाती हूँ
मेरा दिल बहलाए कौन
जिसमें भरा हुआ है मौन
माँ की याद सताती है
कैसे वो रह पाती है

दवा के वास्ते, रोटी के रास्ते
घुँघरू पग बाँध कर,
चली थी आस्ते आस्ते

मन घबराता है,
सोच बैठ जाता है

माँ जैसी होने पर
हुस्न फन खोने पर
इतिहास क्या दोहराएगा
कौन तरस खाएगा

लाखों इन दिलों में
क्या एक भी नहीं है
जो समझे इस बात को
और इस मेरे जज्वात को

मुझे ले जाए जो
मुक्ति दिलाए जो

भीड़ से अकेले में
आँगन के बेड़े में
यही सोच रही निस्सहाय

भीड़ में अकेले में
सोनपुर मेले में

○○○